I0706882